Sex ab 60

Jetzt erfährst du,

was dich wirklich erwartet!

Bibliografische Information der Deutschen Nationalbibliothek: Die Deutsche Nationalbibliothek verzeichnet diese Publikation in der Deutschen Nationalbibliografie; detaillierte bibliografische Daten sind im Internet über dnb.dnb.de abrufbar.

Herstellung und Verlag:
BoD – Books on Demand, Norderstedt

ISBN: 9-783754-356425

Ja stimmt, es ist leer,
aber nimm's nicht so schwer.

Mach 'ne Notiz, ein Rezept oder so,
zur Not geht's auch nackt auf dem Klo!

Ist doch egal, es geht sogar breit,
schreib's voll - für die Nachhaltigkeit!

Ebenfalls erhältlich:

Sex ab 30
Was dich jetzt wirklich erwartet!

Sex ab 40
Was dich jetzt wirklich erwartet!

Sex ab 50
Was dich jetzt wirklich erwartet!

Sex ab 60
Was dich jetzt wirklich erwartet!